大船渡の1日も早い復興を願って

2011年3月11日に発生した大地震で東日本を襲った大震災では、太平洋沿岸の多くの町が大きな被害を受け、多くの方々が被災されました。岩手県大船渡市においても、想定を超える高さの津波により、大きな犠牲と損害が生じました。この本のP.10-11のイラストとP.24-25の解説は、大船渡が震災に見舞われる前の活気あふれる様子をありのままに描いたものです。人々は過去に先人たちが被った地震・津波の被害から学び、最大限の対策を施し、海からもたらされる豊富な資源を活用して日々の暮らしを送っていました。

　今回の震災により町の様子は一変してしまいましたが、いま人々は復興に向けて懸命に努力をしていますし、これからも大船渡を愛し続けてゆくことでしょう。私たちは、自然の猛威に勝つことはできません。しかし、過去の大きな犠牲から学んだことを教訓にして、より良い未来を作り上げることは必ずできます。震災前の大船渡の様子とそこに暮らす人々の姿を理解し、読者一人一人が防災について考えて頂くことが、この本を出版する立場として何よりの望みであると考えています。

2011年3月17日　株式会社帝国書院

　この本の制作のため大船渡を訪れ、多くの方々のお仕事ぶりを拝見しました。海とともに力強く生きるみなさんの生活を、より多くの読者に伝えたいと、一生懸命描かせて頂きました。ところがこの度の震災でそのほとんどが崩れ去ってしまいました。突然襲いかかる自然の猛威に言いようのない怒りと恐れを感じました。どんなに時代が進んでも、大自然の前に人間は無力なのかもしれません。しかし人間の可能性は崩れ去らないと私は信じます。

　この大船渡の絵をご覧頂いた読者の方々には、いつの日かまた海との生活を営んでいる大船渡の人々を見て彼らの力強さを感じ取って欲しいと思います。大船渡をはじめ、災害を受けた町の1日も早い復興を願ってやみません。

青山邦彦

もくじ

人とロボットがいっしょにはたらく	自動車工場のひみつ	4
日本と外国をむすぶ飛行機がたくさん集まる空港	成田国際空港のひみつ	6
すずしい気候を利用した高原野菜の産地	野辺山高原のひみつ	8
入りくんだ湾の地形を生かした良港	大船渡港のひみつ	10
たくさんのお店が集まる巨大な商業しせつ	ショッピングセンターのひみつ	12
みかんをつかっておいしいジュースをつくる	みかんジュース工場のひみつ	14
ニュースやドラマなどのテレビ番組をつくる	NHK放送センターのひみつ	16

答えページ
自動車工場 18　成田国際空港 20　野辺山高原 22　大船渡港 24
ショッピングセンター 26　みかんジュース工場 28　NHK放送センター 30
いろいろいるよ！日本のはたらく人びと ……… 32

日本のはたらく人

日本のひみつを
さがす旅に
でかけるわよ。

乗客の安全を守る
**飛行機の
客室乗務員**

いちど、
たずねていらっしゃい。

カキ漁のベテラン
**大船渡港の
漁師さん**

❶ 自動車工場　広島県広島市　4～5ページ

❸ 野辺山高原　長野県南牧村　8～9ページ

❷ 成田国際空港　千葉県成田市　6～7ページ

❹ 大船渡港　岩手県大船渡市　10～11ページ

びとを探Q！しよう！

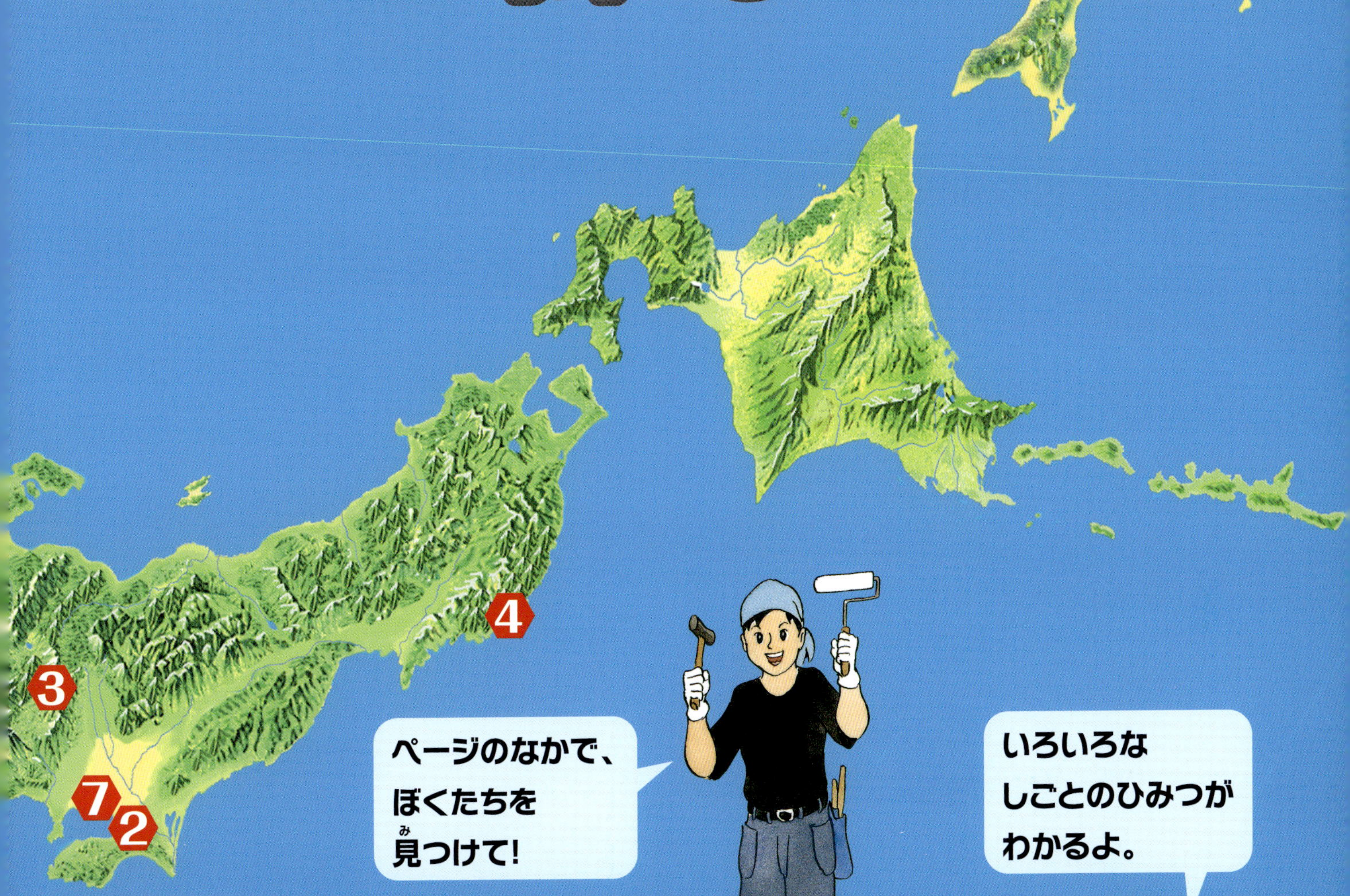

ページのなかで、ぼくたちを見つけて！

大道具づくりはおまかせ
テレビ局の大道具さん

いろいろなしごとのひみつがわかるよ。

野菜づくりの名人
野辺山高原の農家の人

⑤ ショッピングセンター 滋賀県草津市 12〜13ページ

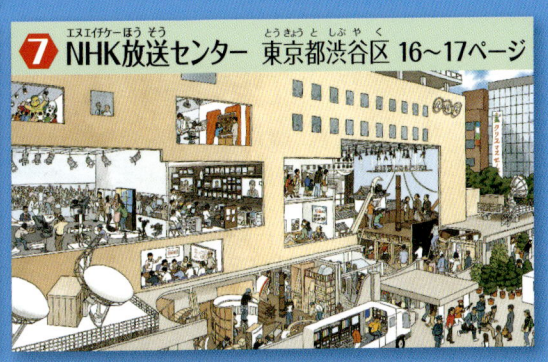

⑥ みかんジュース工場 愛媛県松山市 14〜15ページ

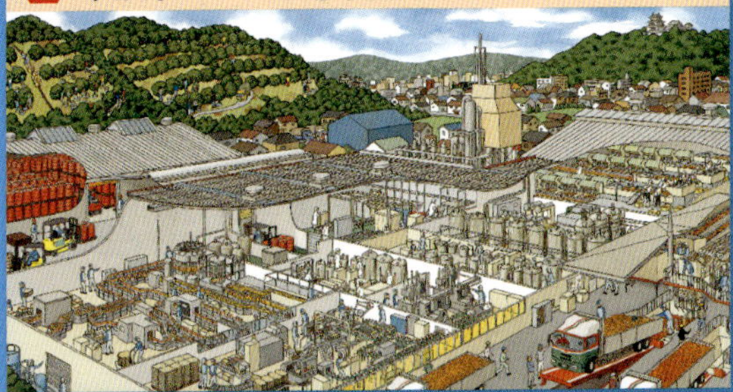

⑦ NHK放送センター 東京都渋谷区 16〜17ページ

広島　人とロボットがいっしょにはたらく

自動車工場のひみつ

マツダの広島本社は、世界でも最大クラスの広さをほこる自動車工場だよ。ここでどのように自動車がつくられているのか、クルマづくりのひみつを探求しよう。

探Q！① はたらく人をさがそう！

車体に色をぬる前にほこりがついていないか調べているよ。どこかな？

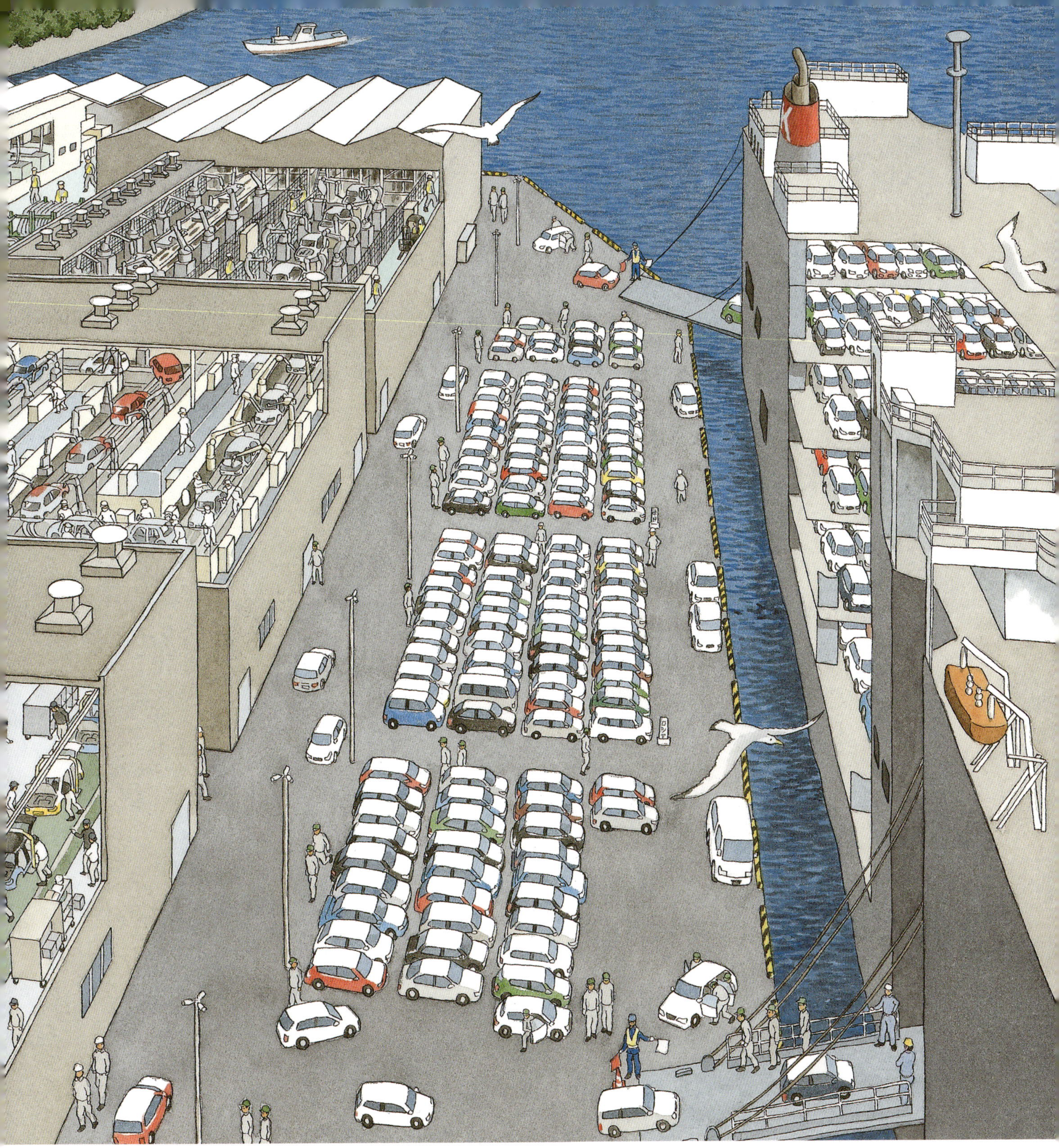

探Q!2 はたらく人をさがそう!

車体にタイヤをとりつけているね。さがして。

探Q!3 はたらく人をさがそう!

組みたてられた自動車をチェックしているよ。見つけて。

探Q!4 はたらく人をさがそう!

完成した自動車を運転している。どこかな?

さがして!

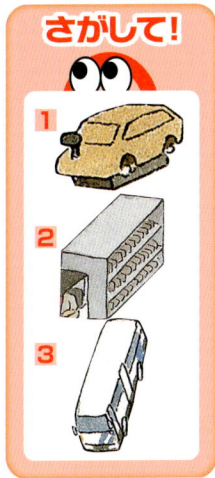

▶答えは、18〜19ページを見てね。

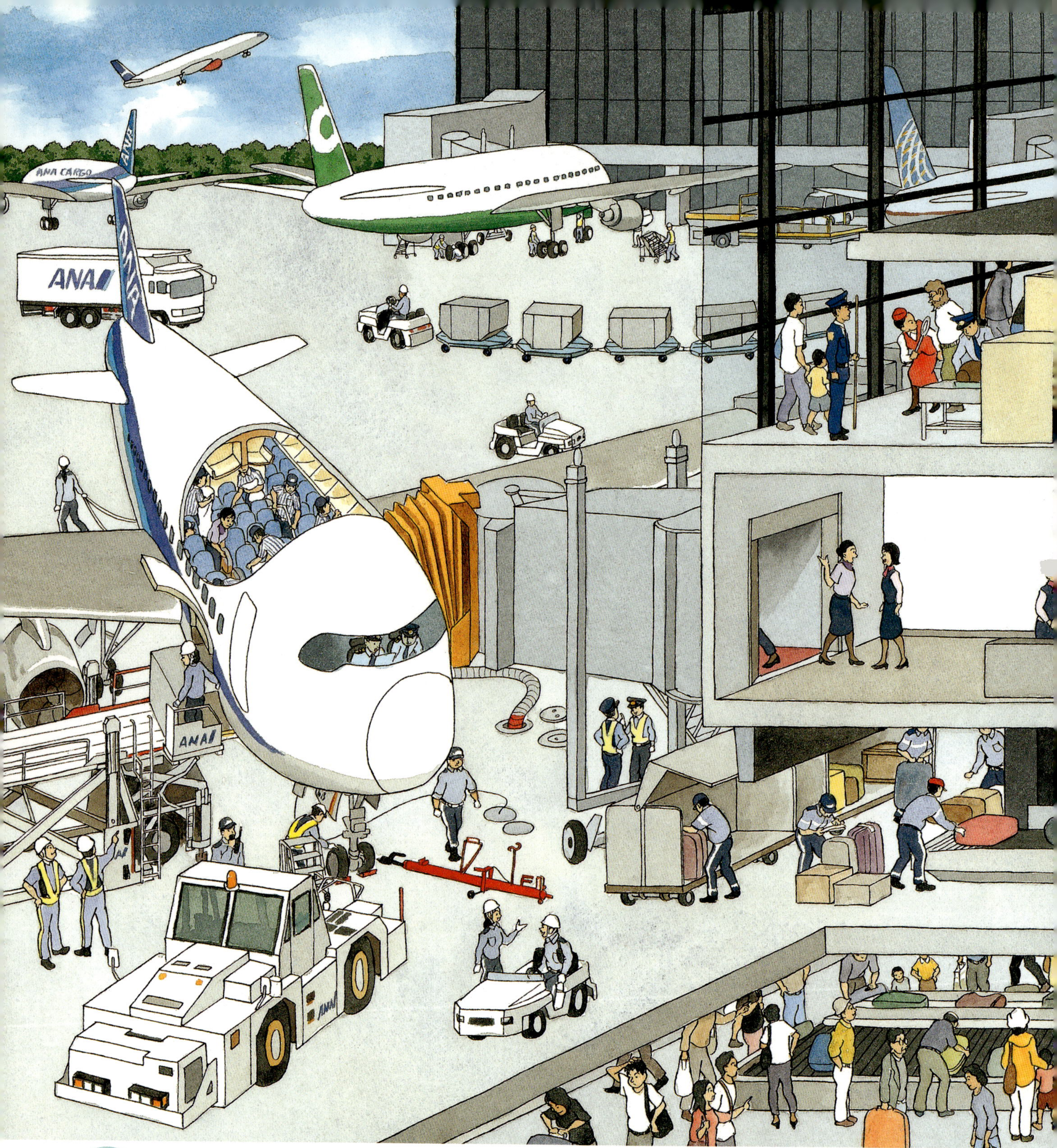

成田国際空港のひみつ

千葉 日本と外国をむすぶ飛行機がたくさん集まる空港

日本には、全部で100近い空港がある。そのなかで日本を代表する大きな空港のひとつが成田国際空港だ。1年に3200万人以上が利用する、成田国際空港のひみつを探求しよう。

探Q！① はたらく人をさがそう！

機体に異常がないか調べているよ。どこかな？

探Q!2 はたらく人をさがそう!
出発前に機内の安全かくにんをしているよ。さがして。

探Q!3 はたらく人をさがそう!
飛行機をそうじゅうする人だよ。見つけて。

探Q!4 はたらく人をさがそう!
パスポートをチェックしているよ。さがして。

さがして!
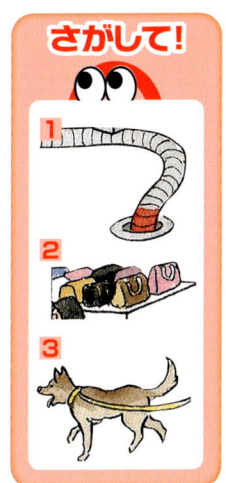

▶答えは、20〜21ページを見てね。

長野　すずしい気候を利用した高原野菜の産地

野辺山高原のひみつ

標高1300mの野辺山高原では、夏でもすずしい高原の気候をいかして、高原野菜をたくさんつくっているよ。むかしはやせた土地だったという野辺山高原。そのひみつを探求しよう。

探Q!① はたらく人をさがそう!

レタスを収かくしている人がいるよ。見つけて。

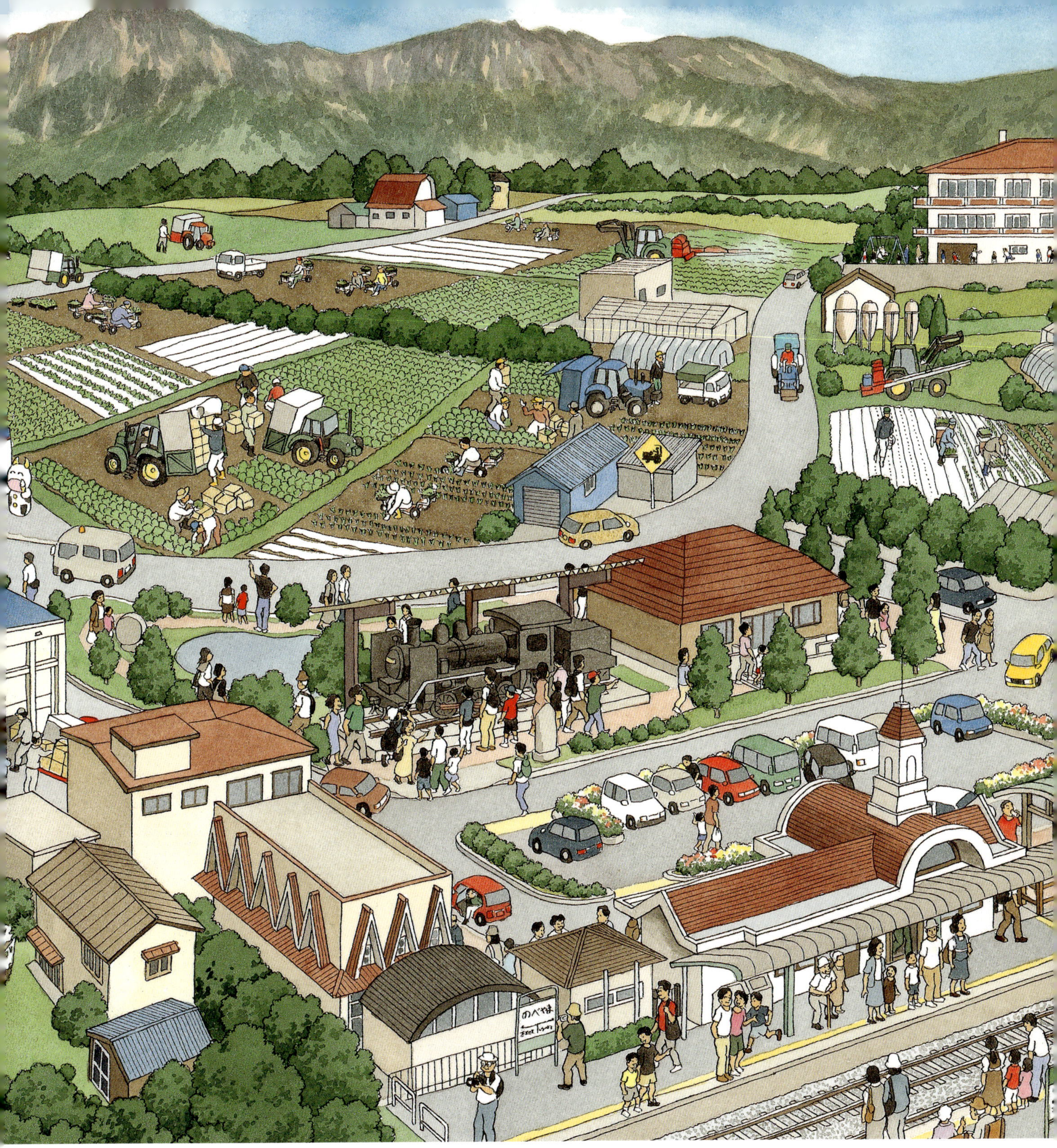

探Q!2 はたらく人をさがそう!

おいしい牛乳を
つくっているよ。
さがして。

探Q!3 はたらく人をさがそう!

集荷場にレタスを
運んでいるよ。
どこかな?

探Q!4 はたらく人をさがそう!

ペンションで
お客さんとおしゃべり。
どこにいるかな?

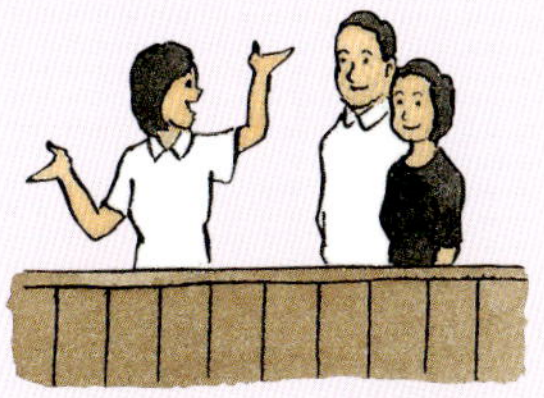

さがして!

▶答えは、22〜23ページを見てね。

岩手 入りくんだ湾の地形をいかした良港

大船渡港のひみつ

大船渡港は、三陸海岸を代表する漁港として知られるほか、セメント工場のある工業用の港でもあり、外国とのぼうえき拠点としても活やくしているよ。大船渡港のひみつを探求しよう。

探Q！① はたらく人をさがそう！

船の荷物のつみおろしをしているよ。見つけて。

探Q!2 はたらく人をさがそう!

本日大漁!
魚市場も活気があるね。
どこにいる?

探Q!3 はたらく人をさがそう!

津波にそなえて、
見まわりをしているよ。
見つけて。

探Q!4 はたらく人をさがそう!

漁師さんだよ。
なにをして
いるのかな。
さがして。

さがして!

▶答えは、24〜25ページを見てね。

滋賀 たくさんのお店が集まる巨大な商業しせつ

ショッピングセンターのひみつ

ここは、滋賀県草津市にあるイオンモール草津というショッピングセンター。買い物がたのしめるだけでなく、いこいの場にもなっている。お店をたずねて、そのひみつを探求しよう。

探Q！① はたらく人をさがそう！

駐車場には自動車がいっぱい。案内している係の人を見つけて。

探Q!2 はたらく人をさがそう!

近くの駅にいく
バスがとまっているよ。
運転手さんは
どこにいる?

探Q!3 はたらく人をさがそう!

店員さんが
たくさんいるね。
いそがしそうにレジを
打っている人は、
どこ?

探Q!4 はたらく人をさがそう!

食事をする場所も
人がいっぱい。
つくっている人も
いそがしそうだね。
さがして。

さがして!

▶答えは、26〜27ページを見てね。

愛媛　みかんをつかっておいしいジュースをつくる

みかんジュース工場のひみつ

愛媛県はおいしいみかんがとれる県として有名。さいばいだけでなく、みかんジュースづくりもさかんだ。ポンジュースの松山工場にいって、ジュースづくりのひみつを探求しよう。

探Q！① はたらく人をさがそう！

おいしいみかんがとれたかな？見つけて。

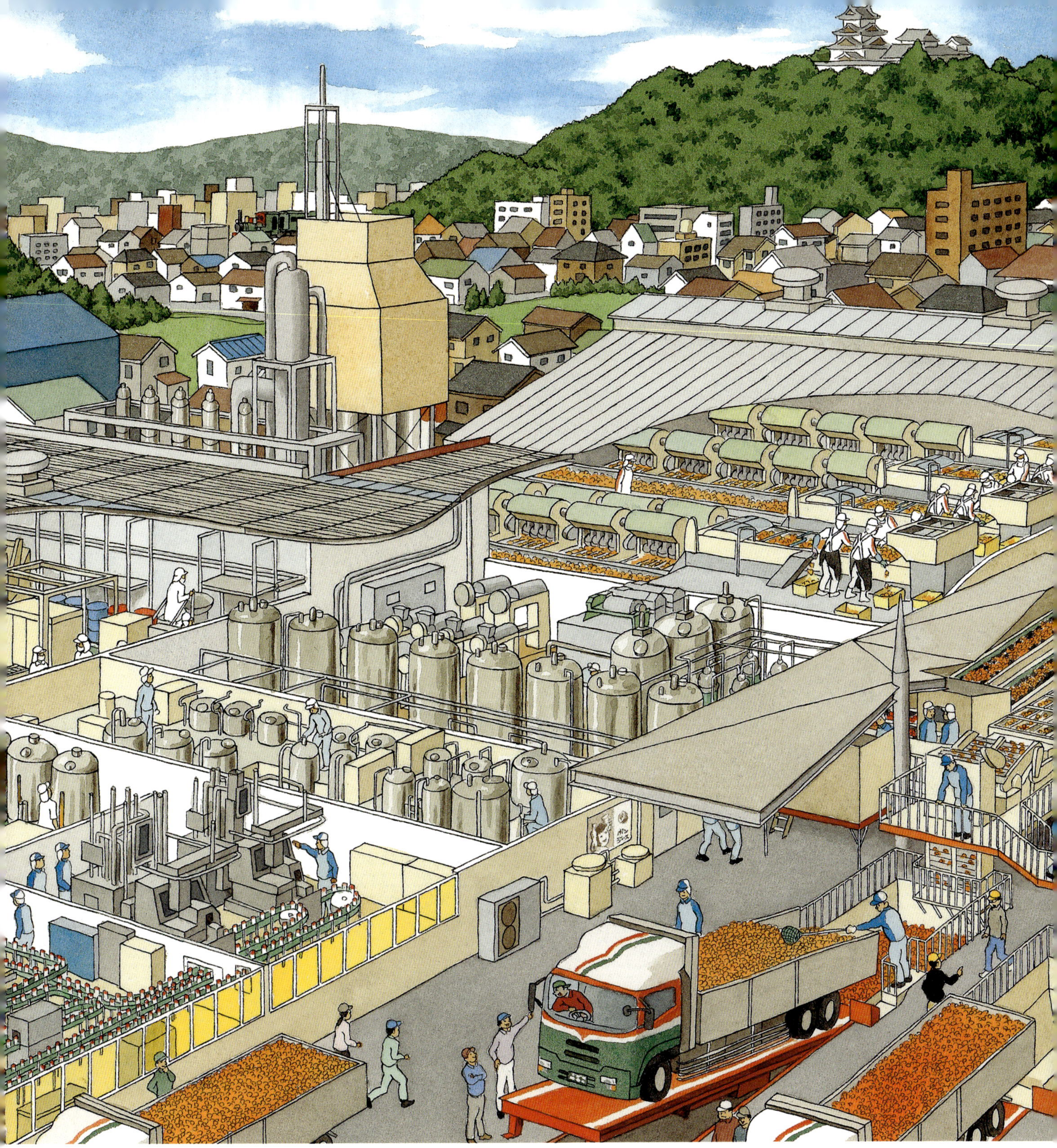

探Q!2 はたらく人をさがそう!

みかんをいっぱい運んできたよ。見つけて。

探Q!3 はたらく人をさがそう!

みかんを選別しているよ。どこかな?

探Q!4 はたらく人をさがそう!

大きなドラムかんをどこに運んでいるのかな?さがして。

さがして!

▶答えは、28〜29ページを見てね。

東京 ニュースやドラマなどのテレビ番組をつくる

NHK放送センターのひみつ

わたしたちがふだん見ているテレビ番組は、放送局ではたらくたくさんの人によってつくられているよ。NHK放送センターをたずねて、仕事や機械など、放送局のひみつを探求しよう。

探Q！① はたらく人をさがそう！

ニュース番組の生放送がもうすぐはじまる。アナウンサーはどこ？

探Q!2 はたらく人をさがそう！
番組づくりの責任者だよ。見つけて。

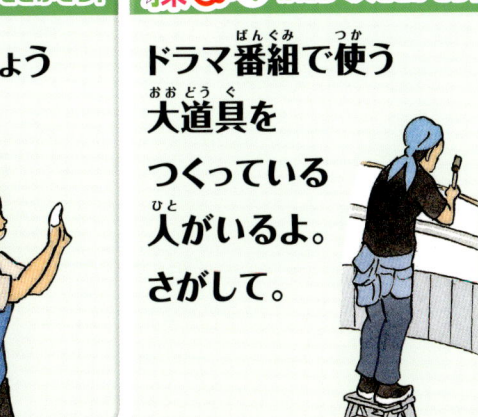

探Q!3 はたらく人をさがそう！
出演者におけしょうしている人がいるよ。見つけて。

探Q!4 はたらく人をさがそう！
ドラマ番組で使う大道具をつくっている人がいるよ。さがして。

さがして！
1
2
3

▶答えは、30〜31ページを見てね。 17

自動車工場 の答え

探Q! 1 塗装前のクルマをチェックする人

工場での自動車づくりは、まず車体をつくることからはじまります。車体が完成したら、つぎは塗装です。クルマのよごれをあらい、さびをふせぐため、塗料を入れたプールに全体をしずめます（下ぬり）。その後、きれいな色を出すための中ぬりをおこない、仕あげに上ぬりをしてかわかします。ほとんどの作業はロボットがおこないますが、さいしょとさいごは人がチェックします。

*美しくしたり、さびなどをふせぐために塗料をぬること。

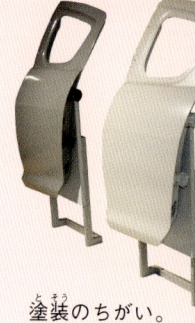

塗装のちがい。左から下ぬり、中ぬり、上ぬり。

探Q! 2 車体にタイヤをとりつけている人

組みたて工程では、長いコンベアの上に置かれた車体が流れてきます。部品のとりつけ作業をする人も、コンベアの動きにあわせて動きながら、とりつけていきます。コンベアは車体をのせたまま一定の速さで動いていき、そのあいだにエンジン、タイヤ、シート（ざせき）、窓などの部品がひとつひとつとりつけられます。

コンベアは、1分間に約3〜5.5mの速さで進む。

さがして！の答え

1 こんな自動車にのってみたいという気持ちが、新しいクルマづくりのスタートです。ねんどでかたちをつくり、スタイルをかくにんします。

ねんどでつくられたモデル。

2 1台の自動車は、約4000種類、3万個の部品で、できています。国内外の部品メーカーから、もっとも適した部品が運ばれます。

いろいろなメーカーから運ばれる部品の数かず。

3 この工場のしき地は、東京ドームが約50個はいるほどの広さがあります。移動するときは、15分ごとに走っている社内バスを利用します。

しき地内を走る社内バス。

マツダ自動車工場はこんなところ

マツダの自動車工場は、国内では広島と山口県の防府に2か所あります。ふたつの工場では、1日にあわせて約4000台の自動車が生産されています。年間では約100万台になります（2009年12月末時点）。絵の工場（本社工場）では、クルマに塗装をしたり、各地から運びこまれる部品を組みたてたりして、自動車を完成させます。

◆この工場が海の近くにあるのは、船ですぐに自動車や部品を運ぶことができるためです。船で運ぶ理由は、一度にたくさんの自動車をつむことができるため、運賃が安くつくからです。

探Q！ ③ 完成品を検査する人

車体の部品をつくるプレス工程からはじまり、車体の部品を組みたてる車体工程、車体に塗料をぬる塗装工程、車体にエンジンやいろいろな部品をとりつける組みたて工程をへて完成した自動車は、ブレーキや排ガスなどの検査を受けます。チェックをする人は、異常がないかこまかく調べます。

プレス工程から完成検査まで、1台の自動車ができるまでには約15時間かかる。

探Q！ ④ 完成車を運転して船につみこむ人

この工場では、最終検査に合格した自動車は、海外へはもちろん、国内へも船で運びだされます。船に自動車をつむときは、数人が一組になって作業をおこない、1時間で80〜100台つみこみます。前後30cm、横10cmの間隔できれいに、びっしりとつみこむので、この運転には高い技術がひつようです。

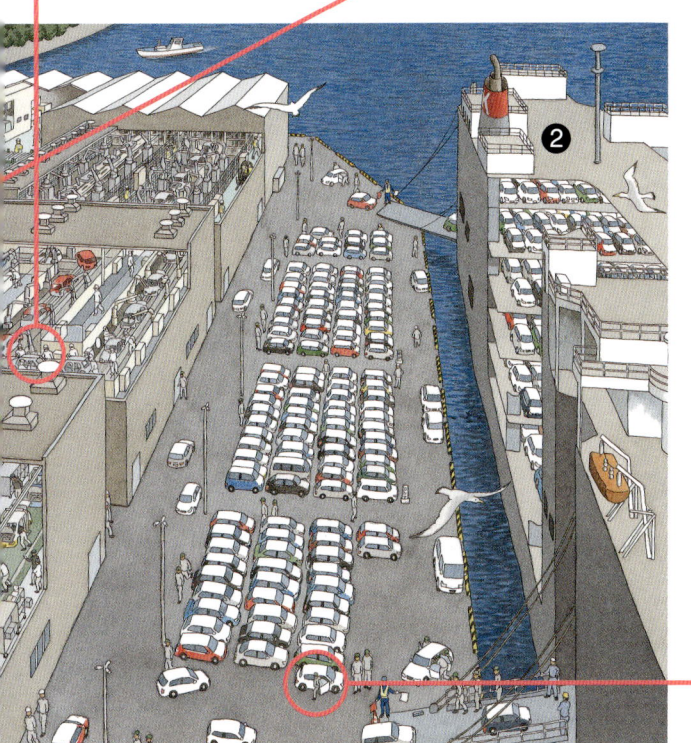

船づみを待っているクルマたち。

もっと探Q！

❶ マツダの本社工場では約6700人がはたらいています。しき地内には、社員だけでなく地いきの人も利用できる総合病院があるほか、小さな子どものいる社員が安心して仕事をできるように、子どもをあずけられる保育所もあります。

❷ 自動車運搬船は、自動車をたくさん運ぶ目的でつくられた船です。船の大きさによりますが、1隻に約800〜6000台の自動車をつみこみます。ゆれが少ないため、運ぶとちゅうに車体にキズなどをつけることがありません。

自動車運搬船のなかは、ビルの駐車場のようだ。

◆工場では、人がおこなうには危険な仕事などには、ロボットが活やくしています。しかし、判断がひつような作業や、こまかい作業は、人の手でおこなわれています。

◆工場には、住宅地がわにまどがありません。近隣の住宅へめいわくがかからないように、光や音が外にもれるのをふせぐ設計をしています。

【場所】広島県広島市

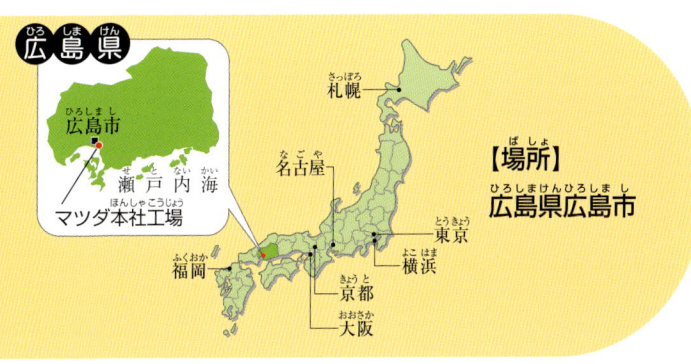

成田国際空港 の答え

探Q!1 飛行機に異常がないか調べる航空整備士

空港に着いた飛行機を、つぎの出発に向けて悪いところや異常がないか調べて整備する人を航空整備士といいます。着陸してからふたたび飛びたつまでの時間で、すべてを終わらせなくてはなりません。点検や整備をしているあいだには、乗客の荷物や貨物などが飛行機につみこまれ、機内のそうじや給油も同時におこなわれます。

飛行機のエンジンを調べる航空整備士。

探Q!2 機内の点検をする客室乗務員

飛行機にのったお客さんへ食事や飲み物などを出し、お客さんの飛行中の安全かくにんなどをおこなう人を客室乗務員*といいます。空港では、お客さんがのりこむ前に、機内にひつようなものがそろっているかなどをかくにんします。

＊かつては女性の客室乗務員をスチュワーデス、男性の客室乗務員をスチュワードとよんでいたが、いまは各航空会社ともよびかたを男女統一して、キャビンアテンダント、スカイキャスト、スカイクルーなどとよぶ。

手荷物の棚のなかに、前のお客さんのわすれものがないかをかくにんしている客室乗務員。

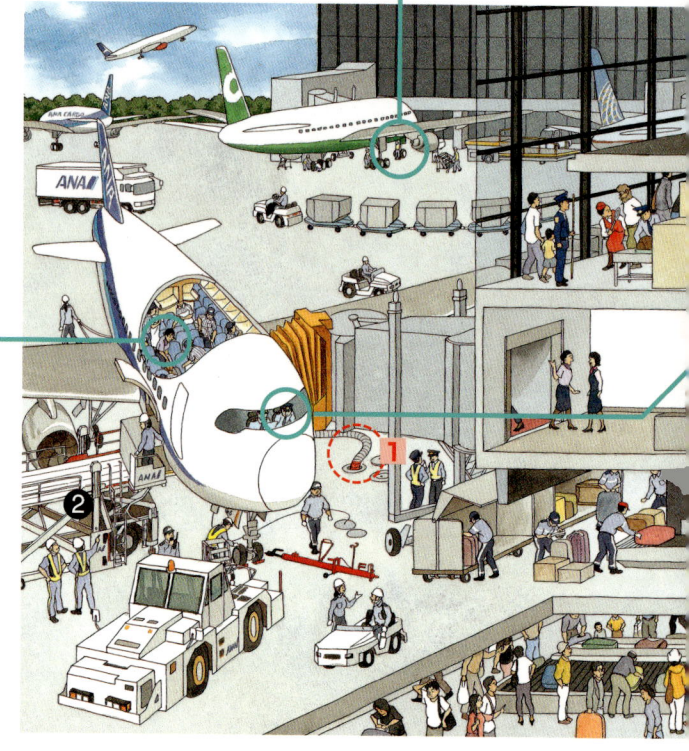

さがして! の答え

1 飛行機が出発を待つあいだ、つばさのなかにある燃料タンクに燃料を補給します。成田国際空港では、駐機場の地下にあるパイプラインをとおして給油します。

給油中の飛行機。

2 国際線の出国手続きをすませたところには、たいてい「免税店」があります。免税店で売られている商品には税金がかかりません。

免税店では、けしょう品やバッグなどが売られている。

3 成田国際空港では、日本にもちこめないものがないか、においをかいで見つけることができる探知犬が活やくしています。

覚せい剤など薬物を見つける麻薬探知犬。

成田国際空港はこんなところ

千葉県にある成田国際空港は、1978年に「新東京国際空港」として開港しました。東京都大田区にある東京国際空港（羽田）につぐ、東京の近くにある新しい国際空港という意味です。1日の乗降客数は約9万人もいます。これは羽田空港につづいて日本で2番目に多く、航空貨物のとりあつかい量は日本1位です。

◆成田国際空港では、外国とのあいだを行き来する飛行機が1日に500回ほども発着します。飛行機をとめておく駐機場には、さまざまな国の飛行機がならび、つぎからつぎへと飛行機が滑走路にはいり、飛びたっていきます。

探Q！③ 飛行前のチェックをしているパイロット

パイロットの仕事は、飛行機をそうじゅうするだけではありません。飛ぶ前に天気についての情報を集め、燃料の量を決め、機体やそうじゅう室のチェックをします。飛んでいるときは自動そうじゅうシステムを使いますが、つねに計器や前方に注意しつつ、天候の変化や緊急事態にもそなえていなければなりません。とてもきんちょうのつづく仕事です。

飛行前に機体を調べるパイロット。

探Q！④ 出入国の審査をおこなう入国審査官

外国へいくときには「出国審査」を、外国から日本にはいるときには「入国審査」を受けなければなりません。それぞれのカウンターで、日本から出国してもよいか、または日本に入国してもよいかを調べるのは、入国審査官の仕事です。パスポートを見て、本人であるかどうかをかくにんし、審査をおこないます。

出国カウンターで審査を待つ人たち。

もっと探Q！

❶税関の仕事は、日本にもちこんではいけないものをもっていないか旅行客の荷物をチェックするだけでなく、駐機場など空港内を見まわって密輸などがおこなわれていないかをチェックします。

❷空港では、たくさんの自動車がはたらいています。右の写真の自動車は、ハイリフトトラックといって、機内食や飲み物などがはいったコンテナを、飛行機につみおろしするときに活やくする自動車です。

荷台を貨物室の高さまであげたりおろしたりして、コンテナをつみこむ。

◆飛行機を滑走路へ誘導したり、離着陸の許可を出したりするのは、管制室にいる航空管制官です。空港を見わたせるガラスばりの部屋から飛行機を直接見ながらそうじゅう室にいるパイロットと交信し、おもに英語で指示を出します。飛行機が安全に飛ぶためには、見えないところでたくさんの人たちが力をあわせてはたらいています。

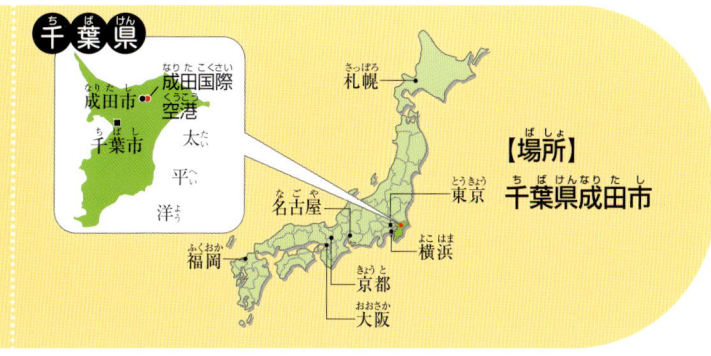

【場所】千葉県成田市

野辺山高原 の答え

探Q 1　レタスを収かくしている人

野辺山高原のあたりは、8月の平均気温が18℃くらいで、夏でも気温が高くなりません。そこで、すずしい高原の気候を利用して、レタスやキャベツなどの野菜づくりをしています。このように高原でつくられる野菜を高原野菜といいます。ほかの産地が、気温が高くてレタスやキャベツなどの野菜をさいばいできない夏のあいだに、高原でさいばいしたレタスやキャベツを消費地の都会の大都市にとどけています。

探Q 2　牛乳工場ではたらいている人

夏でもすずしい野辺山高原は、暑さに弱い乳牛にとって、理想のかんきょうです。牛乳工場では、そうしたかんきょうで育つ牛からしぼった乳で牛乳をつくります。牧場と工場が近いので、しぼった乳を短時間のうちに工場に集めることができます。新せんな乳が製品化されるので、コクとあまみのあるおいしい牛乳ができます。

工場に集められた原乳は、いったん大きなタンクに入れられる（写真左）。その後、牛乳工場の製造ラインにのり（写真右）、翌日には製品として出荷される。

さがして！の答え

1 広大な土地をいかして、野辺山高原には、たくさんの牧場があります。数千頭もの乳牛が飼育されています。

おいしい草を食べ、のびのびと育つ牛たち。

2 野菜づくりがさかんな野辺山高原では、トラクター（農耕車）が道路を通ります。ふつうの自動車を運転する人たちに、標識を立てて注意をうながします。

「農耕車に注意」の標識。

3 JR小海線野辺山駅と清里駅のあいだには、日本の鉄道最高地点（1375m）があります。また野辺山駅もJRの駅のなかでもっとも高い標高1346mのところにあります。

JR鉄道最高地点の碑と、鉄道最高地点神社。

野辺山高原はこんなところ

野辺山高原は、八ケ岳の東がわのふもとに広がる高原です。年間平均気温は6.7℃。高原野菜のほか、新せんな牛乳が生産されることでも有名です。富士山や八ケ岳などのながめがすばらしく、観光地としても人気があり、別そう地としてもよく知られています。

もともとは火山灰がふりつもった、やせた土地だったため、開たくした人たちは、土をたがやすことからはじめ、畑をつくりあげていきました。冬はきびしい寒さにさらされるため、苦労も多かったといいます。人びとの努力とくふうの結果、現在のような高原野菜の大きな産地となりました。

探Q③ 集荷場にレタスを運んでいる人

夏には村全体が高原野菜の収かくに追われる。野菜はひとつひとつ、手作業で収かくされる。

収かくされた野菜は、売り物として出荷＊できるかどうか検査を受けます。検査に合格した野菜は、トラックにつみこまれて出荷されます。中央自動車道とよばれる高速道路を使えば、野辺山高原から東京までは約2時間。朝早くに収かくした野菜はその日のうちに東京の市場に着くため、新せんな野菜をお客さんにとどけることができます。

＊売る品物を市場に出すこと。

収かくされた野菜はダンボールに入れられて集荷場に運ばれる。

探Q④ ペンションのオーナー

野辺山高原は、まわりを高い山やまにかこまれているため、山登りやキャンプ、ハイキングなどがたのしめるほか、レジャーしせつもいろいろあり、1年を通じてたくさんの観光客がおとずれます。ホテルや旅館もありますが、家族ぐるみでお客さんをもてなすペンションも人気です。

ホテルや旅館ほど大きくなく、おもに家族だけで経営しているのがペンション。親しい友だちの家にあそびにいく感覚でとまれる。

もっと探Q!

❶野辺山駅のあるJR小海線は、世界ではじめて鉄道にハイブリッド車両＊をとりいれました。少ない燃料で走るので、省エネルギーで、有害な排ガスなどの排出量もおさえられます。走るときの音も通常の電車よりはしずかです。

❷国立天文台野辺山では、電波望遠鏡で宇宙や太陽からやってくる電波を観測しています。野辺山高原は、冬の寒さがきびしい土地でありながら雪が少ないため、電波の観測にもっとも適した場所としてえらばれました。

宇宙からの電波をキャッチする電波望遠鏡。

＊ハイブリッドは、2つのものをかけあわせるという意味。この車両は発電用のディーゼルエンジンでつくった電気と、列車の屋根につんだ電池の電気を使いわけ、モーターで車輪を動かす。

◆八ケ岳には、赤岳（2899m）を中心に、たくさんの山やまが南北にならんでいます。このあたりは火山地帯のため、温泉がたくさんわきでています。

◆野辺山高原には、鉄道以外にも高さ日本一をほこるものがあります。南牧南小学校は、日本一標高が高い（1327.5m）ところにある小学校です。

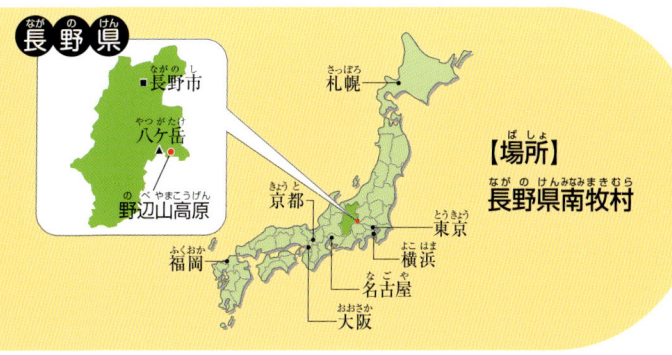

【場所】長野県南牧村

大船渡港 の答え

探Q!① コンテナのつみおろしをしている人

大船渡港には、コンテナ*ターミナルがあります。コンテナターミナルは、コンテナをつんで日本と海外を行き来するコンテナ船が、貨物のつみおろしをする場所です。決められた時間内でつみおろしを終えられるように、作業が進められます。

＊貨物の輸送に使われる、鋼鉄やアルミニウム製の大きな入れもの。

外国からコンテナをつんできたコンテナ船が港にはいると、岸にある大きなクレーンでコンテナをつみおろす。大船渡には、おもに肥料や木材などが運ばれてくる。

探Q!② 魚市場で魚を販売するせり人

魚市場は、魚の売り買い（せり）をするところです。早朝、魚が売り場にならべられると、せりとよばれる販売がはじまります。売り手であるせり人は、水あげされたばかりの魚を前に、買い手にねだんを競争させ、いちばん高いねだんをつけた人に売ります。せり落とされた魚は、すぐに冷凍車や保冷車につまれ、日本各地に運ばれます。

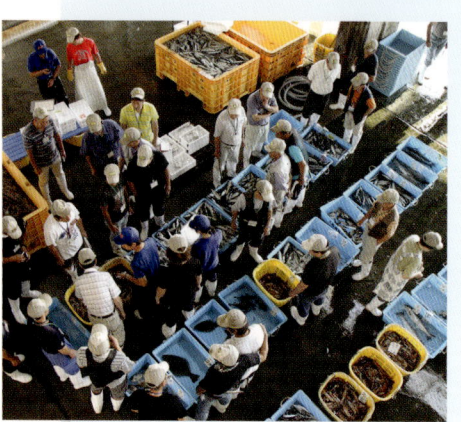
いせいのよい声がとびかう、魚市場のせりのようす。

さがして! の答え

1 大船渡港は、サンマがたくさん水揚げされる港として知られています。港の近くには、サンマを加工する工場がたくさんあります。

いろいろなさんまの加工品。

2 漁師さんは、箱メガネという道具で海中をのぞき、さおの先についたカギを上手にあやつって、ウニをとります。

ウニ漁のようす。

3 千石船*は、江戸時代の海運をささえた船です。大船渡には、いまも船をつくる棟りょう（船大工）がいて、むかしからの船をつくる技術をつたえています。

復元された千石船「気仙丸」。

＊米千石をのせて運ぶことのできた大型の船。

大船渡港はこんなところ

大船渡港は、岩手県の三陸海岸につくられた港です。三陸海岸は、海岸線が複雑に入りくんだリアス海岸で有名です。沖合には親潮と黒潮が交わる潮境*があり、さまざまな魚が集まってくることから、むかしから漁業がさかんです。

◆湾内では、カキやホタテなどの養殖がさかんなほか、海岸にそって工場もあります。また、水深が深く、大きな船も停泊できるので、ふとうには、外国からの貨物船なども入港しています。

◆リアス海岸は天然のよい漁場となる一方、津波のひがいを受けやすいことがとくちょうです。大船渡港もむかしから津波で苦しめられてきました。

＊2つ以上のことなる潮流のさかいめ。潮境ではプランクトンが集まるため、よい漁場となる。

探Q③ 津波にそなえて、まちを見まわる人

むかしから津波のひがいを受けてきた大船渡では、さまざまな対策をしています。湾のまわりにはじょうぶな堤防があり、川の出口には、津波が川を逆流しないように開けしめできる水門があります。また、波の変化を1cm単位で観測する装置があり、つねに監視をしています。町なかには、チリ地しん（1960年）のときの津波による水面の高さをしめす標識などもあり、市民にたいして津波の対策をよびかけています。

チリ地しんの津波のときのひがいのようす。

チリ地しんの津波の到達標高をしめした標識。

探Q④ カキを養殖する漁師さん

大船渡湾内では、カキという貝を育てる養殖がさかんです。カキの赤ちゃんをつけたホタテの貝がらを、いかだにつりさげて育てます。海水中の植物性プランクトンをエサにしているので、漁師さんがカキにエサをあたえることはありません。

カキを養殖するイカダ（上）。漁師さんが引きあげているのは、大きく育ったカキ（右）。

もっと探Q!

❶大船渡市では、家庭から出るゴミの一部を大船渡港にあるセメント工場で焼却し、灰をセメントの原料として再利用する取りくみをおこなっています。市内にセメント工場があるという特性をいかしたこころみです。

❷大船渡港には、漁船のほか、貨物船や客船など、さまざまな種類の船が入港します。2006年には豪華客船「飛鳥Ⅱ」が、東北地方では初めて入港をはたしました。

「飛鳥Ⅱ」。

◆1960年に南米のチリで発生した地しんや津波災害では、大船渡市は国内でいちばんひどく津波のひがいを受けました。その教訓をいかし、1963年から4年をかけて、湾の入り口に、日本初の大水深防波堤を整備しました。市民の安全を守るために、津波や台風などで大きな波が港のなかにはいらないようにすることも、港の役わりです。

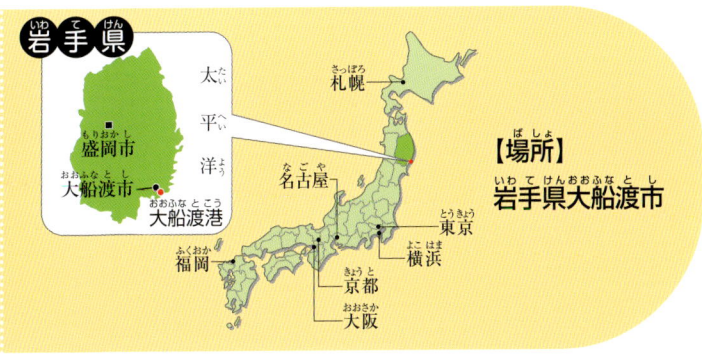

【場所】岩手県大船渡市

ショッピングセンターの答え

探Q！① 駐車場で自動車を整理している係員

ショッピングセンターは、1920〜30年代にアメリカで誕生しました。車社会のアメリカでは、まちの中心からはなれた場所に大きなショッピングセンターをつくり、お客さんを集めています。日本でも、自動車を利用する人が多くなるにつれて、1000台以上の駐車場をもつ大型店が全国各地に誕生しています。イオンモール草津の駐車場には、およそ4500台の自動車がとめられます。

写真の平面駐車場のほかに立体駐車場もある。

探Q！② 休けいしているバスの運転手さん

週に一度、家庭で使い終わった天ぷら油の回収もおこなっている。

イオンモールの入り口には、バス停があります。自動車を利用しないお客さんは、公共のバスで行き来します。イオンモールでは、飲食店で使った天ぷら油をバイオディーゼル燃料＊や飼料、石けんとしてリサイクルする運動に取りくんでいて、駅とイオンモールをむすぶバスにも、その燃料を活用しています。

＊大豆油や菜種油など植物油からつくる燃料のこと。ガソリンでなく軽油で走るディーゼル自動車の燃料として使われる。

👀 さがして！の答え

1 小さい子どもづれのお客さんが楽に買い物できるように、ベビーカートがたくさん用意されています。

安全ベルトのついたベビーカート。

2 それぞれの階には、小さい子どもでも使いやすい高さの便器がおかれた「こどもトイレ」があります。

カラフルなこどもトイレ。

3 屋上庭園に植えられているのは茅という雑草です。このあたりでよく見られたむかしの風景を再現しています。

初夏には白いほを出す茅。

イオンモール草津はこんなところ

関西で最大級というショッピングセンター「イオンモール草津」は、2008年にオープンしました。約16万m²という広い土地のなかには、地上6階だてのモール棟と2階だてのスポーツ＆レジャー棟がたっています。

◆関西に住む人たちの水源でもある琵琶湖に近いところにたっているということもあり、たてものにはかんきょうにたいするくふうがいろいろなところに見られます。屋上にソーラーパネルや庭園、屋外に野生の動植物が生きていけるような場所（ビオトープ）もあります。そして、モール内の照明をへらすために自然光をとりいれる設計をする

探Q! ③ お店でレジを打っている店員さん

ショッピングセンターは、ショッピングモールともよばれ、わたしたちがくらしで使うさまざまな商品を売るお店が集まっているしせつです。デパートでは、商品を種類ごとにならべて売っていますが、ショッピングセンターでは、それぞれのお店ごとに商品を売っています。イオンモール草津にはいっているお店の数は、200店ぐらいにもなります。

それぞれの階には、たくさんのお店がならんでいる。

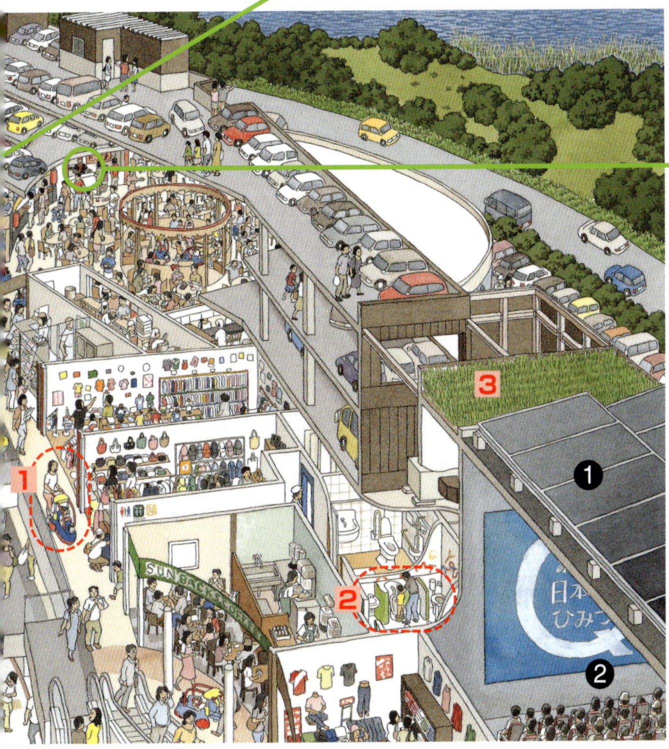

探Q! ④ たこ焼きをつくっている店員さん

フードコートは、いろいろな種類の食べ物を売るお店と、食事をするためのテーブルといすがある食堂のことです。イオンモール草津のフードコートには、お店が10店舗はいっていて、席数は1000席もあります。すきな店で食事を注文し、すきな場所へ自分で運んで食事をとります。

ラーメンやうどん、ハンバーグなど、気軽に食べられるメニューがそろう。

もっと探Q!

❶イオンモール草津の屋上とバス停の屋根には、太陽光発電のソーラーパネルがついています。合計1100まいほどのパネルから発電される電気の量は、1年間でふつうの家庭の約35世帯分にあたります。発電された電気は、エレベータの動力などにも利用されています。
❷3階にある映画館には、9つの劇場（スクリーン）があります。このように、ひとつのたてものに複数のスクリーンがある映画館のことを「シネマコンプレックス」とよびます。

屋上にならぶソーラーパネル。

など、かんきょうを考えたエコ・ショッピングセンターをめざしています。
　毎年、地いきの人たちも参加して、しき地内につくった田んぼで田植えや稲かりのイベントをおこなっています。ほかにも家庭で使った天ぷら油を回収するなど、地いきに住む人たちとともにかんきょうにたいする取りくみをおこなっています。

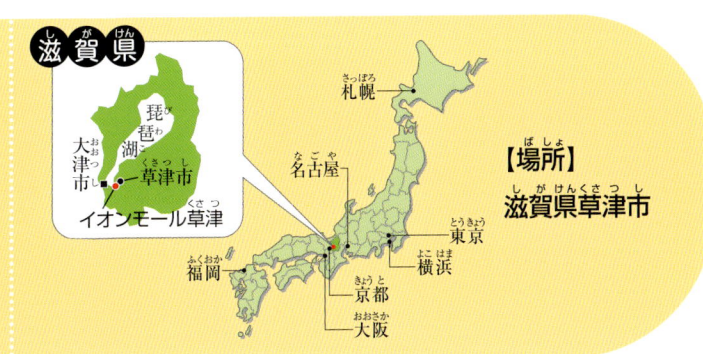

【場所】滋賀県草津市

みかんジュース工場 の答え

探Q! 1 みかんを収かくしている人

みかんの木は、たくさん日光のあたる南に面した水はけのよい土地がさいばいに適しているため、みかん園の多くは、石がきのあるだんだん畑になっています。かたむきがきついので、えだを切ったり、実をつみとったりする作業は、たいらな土地よりもたいへんです。だんだん畑にはクルマがはいりにくいため、農家の人たちは、みかんを運ぶのにモノレールをとりつけるなど、仕事をらくにできるようにいろいろくふうをしています。

探Q! 2 みかんをつんだトラックのドライバー

ジュースをつくるための原料となるみかんは、大きなトラックで運びこまれます。トラックは、まず、計量器にのって、トラックごと重さをはかります。そして荷台からみかんをおろし、ふたたび計量器へのります。みかんをおろす前から、おろしたあとの数字を引けば、みかんの重さとなるわけです。みかんひとつがだいたい100gなので、10トントラックでおよそ10万個のみかんが運ばれることになります。

荷台からみかんがおろされる。いそがしい時期は1日50台のトラックが出はいりする。

さがして! の答え

1 ジュースづくりでみかんをしぼるのは、機械の仕事です。いっしゅんでしぼられ、果汁と皮にわけられます。

みかんをしぼる機械。

2 松山市内には「坊っちゃん列車」とよばれるディーゼル機関車が走っています。松山市を舞台にした、夏目漱石の小説『坊っちゃん』から名前がつきました。

明治時代の蒸気機関車を復元。

3 ポンジュースの「ポン」という名前は、日本一のジュースになるようにと「日本(ニッポン)」のポンからとられたそうです。

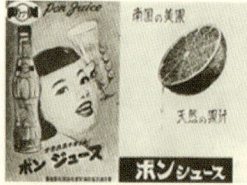

発売当時のポスター。

ポンジュース松山工場はこんなところ

ポンジュースは、愛媛県松山市にある、えひめ飲料という会社がつくっているジュースの名前です。愛媛県は、みかんの生産量全国2位をほこっています。「愛媛のまじめなジュースです」というCMでも知られるこの会社では、愛媛県のみかん産業をさかんにするという思いで、ジュースづくりに取りくんでいます。

◆原料となるみかんは、みかん農家から農協(農業協同組合)へ出荷され、農協からトラックでジュース工場へ運ばれます。みかん山から工場が近いので、運ぶための手間やお金を節約できます。工場でしぼられたジュースは、ペットボトルやび

だんだん畑のみかん園。

探Q③ みかんを選別している人

トラックからおろされたみかんは、大きさによってわけられたあと、人の手で選別します。選別をおこなう人は、目の前のコンベアを流れていくみかんを見ながら、われたりつぶれたりしてしまったみかんをとりのぞいていきます。このあとは、皮をきれいにあらってから、機械でみかんをしぼって果汁をとりだします。

選別作業は、すばやい見きわめがひつよう。

探Q④ 冷凍庫にドラムかんを運んでいる人

工場では、しぼりとったままの果汁のほかに、しぼった果汁の水分だけをのぞき、濃縮した果汁もつくります。果汁は、マイナス18℃の冷凍庫で保存されます。みかんの収かく時期は冬におこないますが、それ以外の時期にも安定してジュースをつくるために、冷凍保存はかかせません。

果汁のドラムかんがつまれた冷凍庫。

もっと探Q！

❶松山市の中心にある山の上には松山城があります。江戸時代以前につくられた天守がのこっているお城として知られています。天守のいちばん上の階からは、松山平野や瀬戸内海などを見わたすことができます。

❷松山市内にある道後温泉は、古くから歴史のある温泉として有名です。夏目漱石の小説『坊っちゃん』にもえがかれていて、愛媛県の観光地として人気があります。本館は、国の重要文化財に指定されています。

明治27年にたてられた木造3階の道後温泉本館。

ん、紙容器などにつめられ、全国に出荷されます。
◆現在、工場内で、ジュースのしぼりかすから「バイオエタノール燃料」をつくる実験がおこなわれています。しぼりかすは、これまで乾燥させて家畜のえさとして利用されていました。燃料はガソリンにまぜて使ったり、工場で使うボイラーの燃料にしたりすることが考えられています。

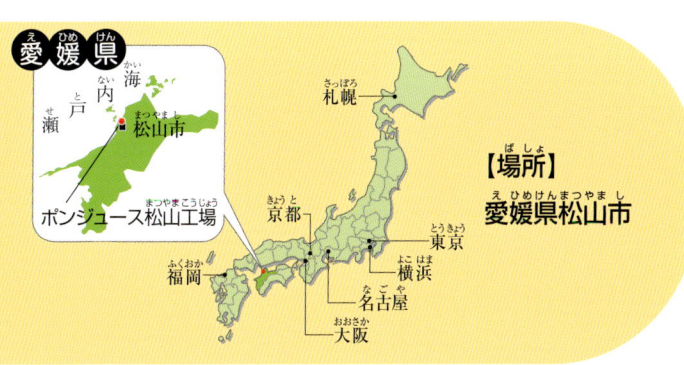
【場所】愛媛県松山市

NHK放送センターの答え

探Q① 原こうを読みかえしているアナウンサー

ニュース番組を放送するまでには、記者、ニュースカメラマン、映像の編集担当者など、いろいろな人がかかわっています。できあがったニュース原こうをテレビを見ている人につたえるのが、アナウンサーの仕事です。しっかりとニュースの内容をつかむために、本番前には原こうをなんども読みかえします。

ニュース番組は生放送なので、アナウンサーにとっては、きんちょうの連続。

探Q② スタジオに指示を出すディレクター

スタジオのとなりの部屋では、ディレクターやビデオエンジニア、ミキサーなどおおぜいのスタッフがはたらいています。ディレクターは、本番中の番組の進行役です。現場ではたらく人に指示を出し、番組をまとめあげていくリーダーの役わりをします。

ひとつのニュース番組をつくるのに100人をこえる人が仕事をする場合もある。

さがして！の答え

1 スタジオで生放送をするときは、インカムを使ってスタッフどうしの連絡をとりあいます。インカムは、ヘッドフォンとマイクがひとつになった通信機で、手ぶらで通話をおこなえるので便利です。

正式名はインターカム。

2 生放送で、番組が予定時間どおりに進んでいるか、秒の単位で時間をはかっている人をタイムキーパーといいます。タイムキーパーになくてはならないのがストップウォッチです。

仕事中のタイムキーパー。

3 スポーツの試合会場や、事件や事故の現場など、テレビの放送設備がないところに出かけていき、そこから放送するときに使われるのが、テレビ中継車です。

大型のテレビ中継車。

NHK放送センターはこんなところ

NHKは、全国各地に54の放送局と14の支局をもち、ニュースや情報番組、教育番組、ドラマなど、さまざまな分野の番組を国内および海外に放送しています。
　◆東京都渋谷区にあるNHK放送センターは、全国放送の番組のほとんどを制作・発信しているほか、外国向けの放送の発信拠点にもなっています。スタジオ数も合計50あり、ひとつのテレビ局がもつスタジオ数としては日本最大です。
　◆この本で紹介した人たちのほかにも、放送局では、たくさんの人がはたらいています。どんな番組をいつ放送するかを考える人（編成）、番組の宣

探Q❸ 出演者におけしょうをするメイクさん

スタジオでは、いろいろな番組の撮影がおこなわれます。番組に出演する人たちは、自分たちの撮影シーンがくるまで、楽屋で衣しょうをととのえて、待っています。楽屋には、出演者のメイク（おけしょう）とヘア（かみ）をととのえるメイクさんや、衣しょうを用意する衣しょうさんなども出入りして、にぎやかです。

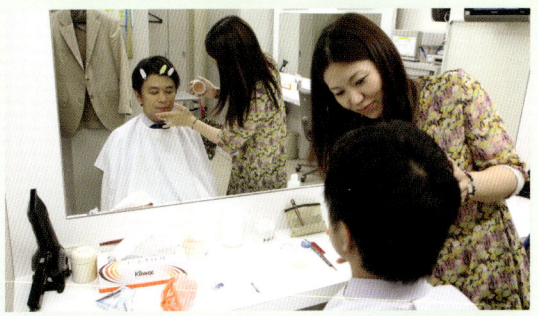

スタジオの明るいライトにあたっても、おでこや鼻が光らないようにするために、男の人もおけしょうをする。

探Q❹ セットをつくっている大道具さん

大道具や小道具の仕事をする人は、デザイナーがつくった図面をもとに、番組で使う大きなしかけ（セット）をつくったり、こまかい道具を用意したりします。こしにつけているのは、こし道具ともよばれる工具セットです。ペンチやくぎぬき、軍手やガムテープなど、作業をするときに使うものをまとめてこしにつけています。

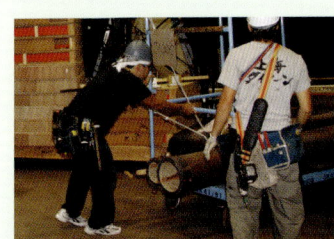
セットを運ぶ大道具さん。

スタジオにつくられたセットは、まるで本物のよう。

もっと探Q！

❶アナウンサーがほとんど手もとの原こうを見ずに、ニュースをつたえるしかけが「プロンプター」という機械です。アナウンサーの真上にあるカメラが手もとの原こうを撮影し、その映像が、アナウンサーの目の前にある画面にうつります。

❷NHK放送センターには、国際放送専用のスタジオがあります。日本語や英語でニュースを放送し、世界各国にむけて、日本とアジアの情報を発信しています。

（左上）プロンプターの画面。
（上）国際放送用のニューススタジオ。

伝を考える人（広報）、イベントを企画する人（事業）など仕事もさまざまです。NHK放送センターでは、およそ2万人の人がはたらいています。
◆NHK放送センターには、「NHKスタジオパーク」という名の、見学しせつがあります。番組収録を見たり、アナウンサー体験をしたり、たのしみながら放送のことを学べるようにくふうされています。

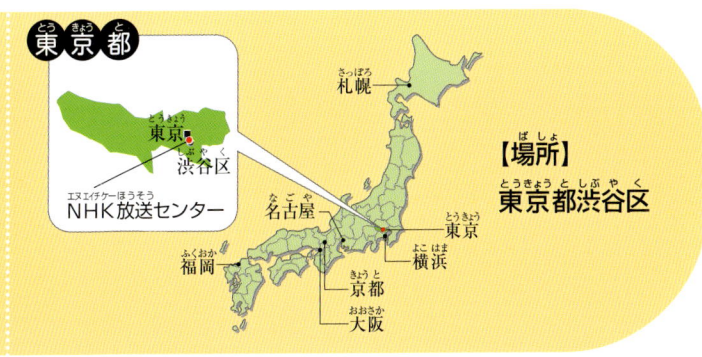

【場所】東京都渋谷区

いろいろいるよ！日本のはたらく人びと

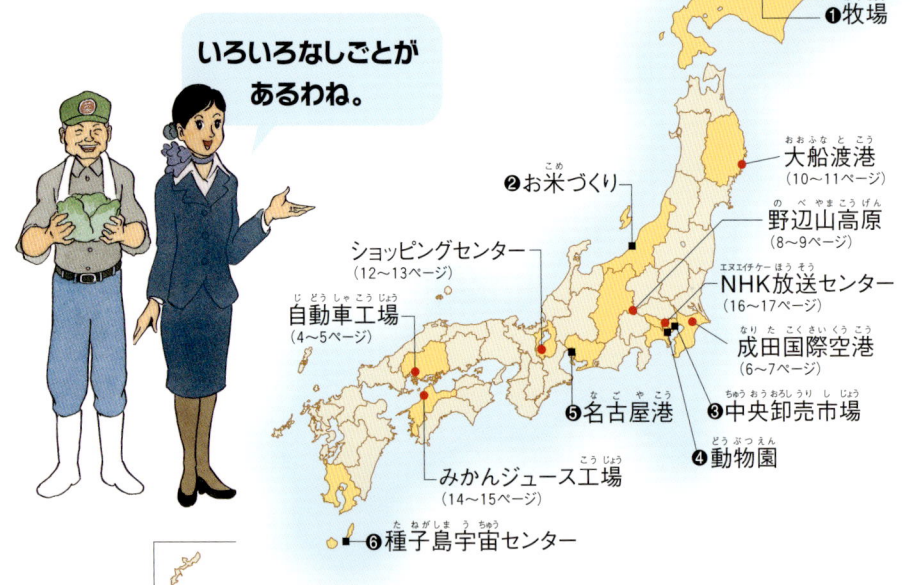

いろいろなしごとがあるわね。

- ❶牧場
- ❷お米づくり
- ショッピングセンター（12〜13ページ）
- 自動車工場（4〜5ページ）
- 大船渡港（10〜11ページ）
- 野辺山高原（8〜9ページ）
- NHK放送センター（16〜17ページ）
- 成田国際空港（6〜7ページ）
- ❸中央卸売市場
- ❹動物園
- ❺名古屋港
- みかんジュース工場（14〜15ページ）
- ❻種子島宇宙センター

❶牧場

北海道美瑛町
牧場のおもな仕事は乳しぼり。牛たちが健康でおいしい牛乳をたくさん出すように、牧場ではたらく人たちは、牛たちの健康に注意をはらう。

❷お米づくり

新潟県柏崎市
冬は日照時間が短く雪がたくさんふり、夏は日照時間が長くて暑いという、おいしい米づくりに適した気候をもつ新潟県は、米づくりがさかん。まちの中心をはなれると田園風景が広がる。

❸中央卸売市場

東京都大田区
毎日、たくさんの量の野菜やくだもの、水産物などの生鮮食品が全国各地から運ばれてくる卸売市場。それらを「競り売り」などで売りさばく。写真の大田市場は、青果市場の取扱量でも面積でも日本一。

❺名古屋港

愛知県名古屋市ほか
日本の五大国際貿易港（名古屋港、横浜港、神戸港、東京港、大阪港）のひとつ。愛知県内にトヨタ自動車などの輸出企業が多くあり、自動車に関係するの輸出が半数をこえている。

❹動物園

神奈川県横浜市
国内の動物園ではあまり見ることのできない希少動物をたくさん飼育している「よこはま動物園ズーラシア」。動物をとりまく地球環境のさまざまな問題についても、人びとに関心をもつようはたらきかけている。

❻種子島宇宙センター

鹿児島県南種子町
日本を代表する宇宙機関JAXAの施設。ロケットの組み立てから打ち上げまで、そして衛星の最終チェックからロケットへの搭載までをおこない、日本のロケットや人工衛星の打ち上げをになう。

あなたのまちでは、どんなしごとと出あえるかな？

【イラスト鳥瞰図】
青山邦彦
【デザイン】
長江知子
【編集協力】
元全国小学校社会科研究協議会会長　桑原利夫
【取材協力】
マツダ㈱、成田国際空港、全日本空輸（ANA）、大船渡市、三陸シーファーム、イオンモール草津、㈱えひめ飲料、NHK
【写真・資料提供】
東京税関、東京入国管理局成田空港支局、ペンション ホルン、長野県南牧村産業建設課、(社)ヤツレン、長野八ヶ岳農業協同組合、伊予鉄道㈱、松山市道後温泉事務所、よこはま動物園ズーラシア、名古屋港管理組合、JAXA、㈱東京地図研究社
【製作協力】
こどもくらぶ

探Q！日本のひみつ
～いろいろなしごと～

印刷日	2011年2月10日
発行日	2011年2月15日
定価	本体1,800円（税別）

発行者　株式会社 帝国書院
代表者　斎藤正義

〒101-0051 東京都千代田区神田神保町3-29
電話　　03-3262-0830（帝国書院販売部）
　　　　03-3261-9038（帝国書院開発部）
振替口座　00180-7-67014
ホームページ　http://www.teikokushoin.co.jp
ISBN 978-4-8071-5951-2
印刷所　小宮山印刷株式会社

Ⓒ帝国書院編集部
○イラストは、実際のまちのようすと違うところもあります。
○本書に掲載の情報は、特に明記されているもの以外は2011年1月現在のものです。
○落丁・乱丁はお取り替えいたします。
○いかなる形式においても著作者に無断で複製し、利用することを固く禁じます。